Texte . Medien

WOLFRAM UND PHILIPP EICKE

Survival-Trip

Schroedel
westermann

Texte • Medien

»Survival-Trip«
von Wolfram und Philipp Eicke

Copyright © 2009 Schroedel Verlag, Braunschweig

Herausgegeben von Ingrid Hintz

Aufgabenanregungen und Anhang erarbeitet von Dieter Hintz

westermann GRUPPE

© 2009 Bildungshaus Schulbuchverlage
Westermann Schroedel Diesterweg Schöningh Winklers GmbH, Braunschweig
www.westermann.de

Das Werk und seine Teile sind urheberrechtlich geschützt. Jede Nutzung in anderen als den gesetzlich zugelassenen bzw. vertraglich zugestandenen Fällen bedarf der vorherigen schriftlichen Einwilligung des Verlages. Nähere Informationen zur vertraglich gestatteten Anzahl von Kopien finden Sie auf www.schulbuchkopie.de.
Für Verweise (Links) auf Internet-Adressen gilt folgender Haftungshinweis: Trotz sorgfältiger inhaltlicher Kontrolle wird die Haftung für die Inhalte der externen Seiten ausgeschlossen. Für den Inhalt dieser externen Seiten sind ausschließlich deren Betreiber verantwortlich. Sollten Sie daher auf kostenpflichtige, illegale oder anstößige Inhalte treffen, so bedauern wir dies ausdrücklich und bitten Sie, uns umgehend per E-Mail davon in Kenntnis zu setzen, damit beim Nachdruck der Verweis gelöscht wird.

Druck A ^{2} / Jahr 2020
Alle Drucke der Serie A sind im Unterricht parallel verwendbar.

Redaktion: Barbara Holzwarth, München
Herstellung: Andreas Losse
Illustrationen (Umschlag und Innenteil): Sabine Lochmann, Frankfurt/M.
Umschlaggestaltung und Layout: JanssenKahlert Design, Hannover
Satz: Bock Mediengestaltung, Hannover
Druck und Bindung: Westermann Druck Zwickau GmbH

ISBN 978-3-507-**47193**-1

INHALT

Kapitel 1: Die Energie 7
Kapitel 2: Abgeschoben 8
Kapitel 3: Das Ungetüm 12
Kapitel 4: Kiki 17
Kapitel 5: Endstation 18
Kapitel 6: Die Jurten 21
Kapitel 7: Alexander und die Gitarre 24
Kapitel 8: Heiße Glut 27
Kapitel 9: Ins Ungewisse 31
Kapitel 10: Schicksal? 34
Kapitel 11: Das Gepäck 38
Kapitel 12: Der Wald 42
Kapitel 13: Durchhalten! 49
Kapitel 14: Auf die Probe gestellt 54
Kapitel 15: Geduld! 58
Kapitel 16: Es knackt 66
Kapitel 17: Der Angriff 69
Kapitel 18: Die Angst 74
Kapitel 19: Lauschen 77
Kapitel 20: Die Felsplatte 80
Kapitel 21: Der Feuergeist 83
Kapitel 22: Wenn das meine Mutter wüsste! 86
Kapitel 23: Einfach so 89

Kapitel 24: Ausdauer! 93
Kapitel 25: Das Leuchten 94

Zum Weiterarbeiten 99
Kleines Rätsel zum Buch 100

Anhang

Wie dieses Buch entstanden ist 104
Schweden 106
Survival – Überleben in freier
Natur 108
Wir sind ein Teil der Erde 110

Aufgabenlösungen 111
Text- und Bildquellen 112

Bevor du dieses Buch liest ...

Wenn man Sport treiben und laufen will, kann man Langstrecken oder Kurzstrecken laufen. Etwas Ähnliches gibt es auch beim Lesen: Es gibt besonders dicke Bücher zum Langstreckenlesen und es gibt Bücher zum *Kurzstreckenlesen* – zum Beispiel dieses spannende Buch.

Es handelt von dem 16-jährigen Christoph, der in den Sommerferien drei Wochen in einem Jugendcamp in Schweden verbringt. Mit einem der Betreuer unternimmt er eine Abenteuertour in den schwedischen Wäldern. Dass dieser Trip aber zu einem echten Überlebenstraining wird, hat Christoph vorher nicht geahnt ...

Manchmal ist es sinnvoll, beim Lesen auch Nachdenkpausen zu machen. An vielen Stellen dieses Buches findest du Anregungen dazu. Deine Gedanken kannst du direkt im Buch oder auf Zusatzblättern aufschreiben, vielleicht auch in einem Lesetagebuch.

Viel Freude beim Lesen des Buches!

Denke darüber nach, was der Titel „Survival-Trip"
bedeuten könnte, und lies den Klappentext auf der
Rückseite des Buches. Schreibe den Buchtitel dann
in die Mitte eines Blattes und notiere darum herum
Erwartungen, die du in Bezug auf den Inhalt des
Buches hast, und Fragen, die dir vor dem Lesen durch
den Kopf gehen.

Zum Nachdenken

Wolfram und Philipp Eicke
Survival-Trip

Kapitel 1: Die Energie

Ich hab schon alles Mögliche probiert,
auch Alkohol getrunken und gekifft.
Aber so ein Gefühl –
ich meine, was ich da erlebt hab
auf unserer Tour –
das ist tausendmal besser.
Und geht nicht so schnell vorbei wie
irgendein Rausch.
Macht auch am nächsten Morgen keinen
dicken Kopf.
Im Gegenteil.

Wie soll ich das erklären?
Mein ganzer Körper ist aufgeladen.
Wie'n Akku oder wie 'ne Batterie.
Als wär ich voll mit Energie.
Dass man sich so fühlen kann!
So wach. So frei.
Und plötzlich ist auch alles andere nicht mehr
so nervig – das Leben überhaupt,
und sogar die Leute.

Ja, die Leute behandeln mich anders.
Irgendwie mit mehr Respekt.
Als ob ich gewachsen wär.
Kiki sagt: „Du leuchtest ja richtig!" –
und so ähnlich kommt mir das auch vor.
Das ganze Leben ist plötzlich viel lustiger.

Aber ich hab Eintritt bezahlt.
Dieses Gefühl gibt es nicht umsonst.
Zwischendurch ging es richtig hart auf hart.
Und manchmal dachte ich: Das schaff ich nicht.

Angefangen hat alles viel früher. An diesem Donnerstag, als ich so wütend war.

Kapitel 2: Abgeschoben

Der ganze Tag war blöd gelaufen.
In der Schule die Prügelei mit Kevin –
und Frau Kröger hat's gesehen und
dem Rektor gemeldet.
Nachmittags ist mein Computer abgestürzt,
irgendein Virus hat alles lahmgelegt.
Und abends gab es nicht mal was Richtiges
zu essen!

Kapitel 2

Im Kühlschrank lag nur noch ein Rest Käse,
und der Toast war von gestern.
Kein Aufschnitt!
Ich war stinkig.
Mama hatte wieder nicht eingekauft.
Für mich jedenfalls nicht.
Aber Whisky für Björn!
Das ist ihr neuer Freund.
Ich soll trockenes Brot essen,
und Björn wird verwöhnt!

Und dann ging es los.
Wir haben uns richtig gefetzt,
Mama, Björn und ich.
Björn brüllt mich an: „Knall den Kühlschrank
nicht so zu!"
„Du hast hier gar nichts zu sagen!",
schrei ich zurück.
Mama geht dazwischen.
„Christoph! Liebling!", ruft sie.
Ich hasse es, wenn sie mich „Liebling" nennt.
Ich bin sechzehn und kein Kleinkind mehr!
Jedenfalls reißt Björn mir die Ohrstöpsel raus,
und das lass ich mir nicht gefallen,
ich hau zu – und batsch! hat er 'ne Ohrfeige.
Meine Mutter heult, sie klammert sich
an Björn, damit er mir nichts tun kann.

Kapitel 2

Björn brüllt wie ein durchgeknalltes Tier,
und ich hau ab in mein Zimmer.
Tür zu, Schlüssel umgedreht.

Es ist ja nicht, dass ich Björn hasse.
Er ist bloß schon der vierte oder fünfte Kerl,
seit mein Vater abgehauen ist.
Und wir haben nur diese kleine Wohnung!
Manchmal dreh ich einfach durch.
Als ob in meinem Kopf alles knallrot ist,
und dann schlag ich zu.

An diesem Abend haben die beiden sich das
mit dem Camp ausgedacht.
Damit ich mal auf andere Gedanken komme.

Ich denke, ich fall um, als ich das am nächsten
Tag höre.
Ich soll in den Sommerferien abgeschoben
werden! In ein Lager!
Die Sache ist so:
Björn hat einen Kumpel von früher.
Der heißt Max. Von dem hat er schon mal was
erzählt. Dieser Max veranstaltet sogenannte
Abenteuer-Camps.
Dieses Jahr in Schweden.
Und da soll ich hin, für eine Woche.

Weil Björn mit meiner Mutter mal allein
sein will.
Und weil es nichts kostet.
„Max schuldet mir noch einen Gefallen",
hat Björn gesagt, „er nimmt Christoph
umsonst mit."

Ich hab alles versucht, aber Björn und meine
Mutter blieben hart.
„Christoph, Liebling, da sind viele nette junge
Leute in deinem Alter ..."
„Hör auf, mich Liebling zu nennen!",
schreie ich sie an.

Dann hab ich den Prospekt gesehen:
ein Zeltlager mitten in der Wildnis.
Weit und breit nur Seen und Wälder.
Eine Woche ohne Strom – ohne Computer,
ohne Handy, ohne Dusche ...

Hm.
Ist vielleicht mal was anderes.
Mal raus!
Früher, als Kind, hab ich immer von
Abenteuern geträumt.
Als ich zwölf war, hat mein Vater mal mit mir
eine Radtour gemacht.

Wir haben am Feuer gesessen und im Freien
übernachtet.
Im Schlafsack, unter den Sternen.
Das war klasse.
5 Eines Tages war Papa dann weg.

Kapitel 3: Das Ungetüm

Man denkt immer: Schweden, das ist so
wie bei uns.
Letztes Jahr hab ich mal eine Gruppe
10 aus Stockholm kennengelernt,
die waren in unserer Stadt auf Klassenfahrt.
Alle waren so gekleidet wie wir,
und sie hörten die gleiche Musik.

Aber ihr Land ist völlig anders.
15 Schweden ist der Hammer.
Wir sind mit dem Flugzeug geflogen,
und dann ging es stundenlang im Bus weiter.

Na ja – was man so Bus nennt.
„Am Flughafen wartet der Bus auf uns",
20 hatte Max gesagt.
Aber wenn das ein Bus sein soll, dann ist mein
Fahrrad ein Ferrari.

Kapitel 3

Ein uralter Laster von der Armee hat uns
abgeholt.
Ein Ungetüm mit riesig hohen, dicken, breiten
Rädern wie ein Trecker.
So was hab ich noch nie in echt gesehen.
Nur im Film.
Ich hab sofort meine Kamera gezückt.
Foto!

Hinter dem Führerhaus war eine Ladefläche
mit 'ner Plane oben drüber.
Mit kleinen Fenstern aus Plastikfolie.
Da standen ein paar Holzbänke,
da haben wir drauf gesessen.
Neben unserem Gepäck und dem ganzen
Krempel, den wir reingeladen haben –
Kisten und Säcke und Tonnen und Behälter.

Keine leichte Arbeit.
Die Ladefläche ist so hoch, dass man 'ne
Klappleiter braucht.

„Wie lange fahr'n wir mit dem Ding?",
fragt ein blondes Mädchen.
„Und wo geht es eigentlich hin?"
Max hält den Zeigefinger an seine Lippen.
„Streng geheim! Es gibt ein paar Veranstalter,

die ganz heiß auf unseren Lagerplatz wären.
Wird nicht verraten!"

Der Motor hat gedröhnt und gerasselt,
als ob die Karre gleich auseinanderfliegt.
₅ Und ruckeln tut das Biest!
Eine einzige Schüttelei.

Wir sind in Schweden.
Zuerst sind da noch Häuser und Straßen
und Fabriken.
₁₀ Du fährst und fährst immer weiter,
und die Straßen werden enger.
Es fahren nur noch wenige Autos.
Ich zücke die Kamera.
Links und rechts sind Wälder und Seen.
₁₅ Und es geht immer noch weiter.
Die Straße schlängelt sich an einem Abgrund
entlang – plötzlich unten eine tiefe Schlucht.
Und es wird immer einsamer.
Wirklich, wie im Film.
₂₀ Ich hab bestimmt zwanzig Fotos gemacht.

Unsere Gruppe, das sind zwanzig Leute.
Jungen und Mädchen, alle zwischen vierzehn
und sechzehn.
Und fünf Erwachsene.

Max, der Kumpel von Björn, ist der Chef.
Und seine Freundin, die heißt Anneke.
Trägt eine Punk-Frisur.
Max hat einen Bart und lange Haare.
⁵ Er ist in Ordnung; er hat mir die ganze
Ausrüstung geliehen, Schlafsack, Rucksack
und alles, was dazu gehört.

Notiere die Namen der Buchfiguren.

Der Junge: _____

Der Freund der Mutter: _____

Das Mädchen, das den Jungen „leuchten" sieht:

_____

Der Chef der Camp-Gruppe: _____

Die Freundin des Chefs: _____

Versuche, dir vorzustellen, was der Junge in dem
Camp in Schweden wohl alles erleben wird. Notiere
deine Ideen stichwortartig auf einem Zusatzblatt.
Denke dabei auch an den Buchtitel „Survival-Trip"
und seine mögliche Bedeutung.

Zum Nachdenken

Kapitel 3

Der „Bus" rumpelt immer mehr.
Wir werden ordentlich geschüttelt.
Klar, warum er so große Räder braucht:
Wo wir fahren, ist gar keine Straße mehr.
5 Nicht mal ein Weg.
Es geht mitten durch die Pampa.
Schlammpfützen und Wiesen und Wald.
Ein Mädchen kreischt vor Schreck.
Wir sind durch ein tiefes Loch gebrettert.
10 Sie hat sich den Kopf gestoßen.
„Wann sind wir endlich da?", schreit sie über
den Motorenlärm zu Anneke.
„Höchstens noch zwei Stunden! Vielleicht
auch nur anderthalb!"
15 Ich halte mich an einer Stange fest.
Guck mir die Leute an.
Es ist immer komisch in einer fremden
Gruppe, wenn man keinen kennt.
So'n bisschen wie damals, als ich sitzen
20 geblieben war und in die neue Klasse kam.
Aber hier geht es allen so.
Keiner kennt irgendwen.
Und bei dem Krach von dem heulenden Motor
können wir uns nicht unterhalten.
25 Ab und zu schreit jemand eine Bemerkung.
Aber weil keiner was versteht,
kommt auch keine Antwort.

Kapitel 4: Kiki

Unter der Plane ist es heiß.
Ich komm mir vor wie in der Wüste.
Dass in Schweden so die Sonne brennt!
Ich hab gedacht, Schweden ist irgendwie kühl.
Aber hier ist es heiß wie in Afrika.
Wir klappen die kleinen Plastikfenster auf.
Als Luftlöcher.

Schon die ganze Zeit muss ich andauernd
auf dieses Mädchen gucken.
Sie sitzt mir schräg gegenüber.
Sie ist es.
Die aus dem Flugzeug.
Mit der seltsamen Stimme.

Im Flieger hat sie vor mir gesessen,
aber ich hab sie zuerst noch gar nicht gesehen.
Da sind ja diese hohen Rückenlehnen.
Dann hör ich ihre Stimme.
Eine unsichtbare Sitznachbarin hat gefragt:
„Wie heißt du?"
Und da hat sie nur gesagt: „Kiki."
Aber wie sie das gesagt hat!
Diese Stimme!
Mit einer seltsamen dunklen Farbe.

„Kiki!"
Gleichzeitig klang da auch etwas Helles drin.
Es konnte heißen: „Ist doch scheißegal."
Es klang aber auch wie: „Find's doch selbst
raus, wenn's dich interessiert!"
Die andere hat nicht weitergefragt.

Wie sie wohl richtig heißt?
Für was mag „Kiki" die Abkürzung sein?

Jetzt sitzt sie vor mir.
Ich muss sie immer wieder angucken.
Knallrote Haare, enges T-Shirt und ganz
leuchtende Augen.
Frech sieht sie aus und lustig, aber wenn sie
den Kopf zurücklehnt und aus dem Luftloch
guckt, dann ist in ihren Augen so ein Glanz,
als ob sie ganz weit weg ist.
Wie im Traum.

Kapitel 5: Endstation

Abrupt bleibt der Bus stehen.
Ein letztes Mal werden wir hin und her
gerüttelt.
Und plötzlich: Stille!

Ist der Motor der alten Karre nun endgültig
krepiert?

„Endstation!", ruft Max. „Wir sind da!"
Die Leiter wird ausgeklappt.
5 Wir klettern von der Ladefläche runter.

Eine weite Wiese an einem verlassenen See.
Ringsherum nur Bäume.
Wiese, Wasser und ein riesiger Wald.
Die Sonne hat noch Kraft, steht aber schon
10 tief.
Eine Abendsonne, in einem endlosen Himmel.
Sonst nichts.

Wir haben unser Gepäck ausgeladen und die
ganzen Kisten und Behälter.
15 Der Bus hat wieder aufgeheult und ist mit
kreischendem Motor weggefahren.

Dann ist es auf einmal ganz still.
Ich meine: richtig still.
Nirgendwo mehr ein Maschinengeräusch.
20 Nichts.

So was hab ich noch nie erlebt.
Wo ich lebe, hörst du immer irgendwas.

Kapitel 5

Und wenn's nur weit weg eine Säge ist oder
eine Motorsense oder ein Hämmern
von 'ner Baustelle.
Und natürlich die Autos.
5 Aber hier: nichts.
Wenn einer was ruft oder was sagt,
dann hallt es richtig, wie ein Echo.
Ein paar Vögel zwitschern.
Ein leiser Wind rauscht in den Bäumen.
10 Am Ufer plätschern kleine Wellen.

Wir natürlich erst mal alle in den See!
Tut das gut, endlich die verschwitzten
Klamotten runterzureißen!
Und rein ins Wasser!
15 Alle planschen und johlen und toben,
auch die Erwachsenen.

Ich schiele zu Kiki rüber.
Sie hat sich von der Gruppe abgesetzt.
Schwimmt alleine, immer weiter in den See.
20 Ich hinterher.
So, als ob ich ganz zufällig in dieselbe
Richtung schwimme, aber mit Tempo.
Damit ich sie einholen kann.
Da brüllt Anneke am Ufer und winkt:
25 „Kommt zurück! Wir brauchen eure Hilfe!"

Kapitel 6: Die Jurten

Und dann heißt es: arbeiten.
Max stellt sich vor uns hin und sagt:
„Wenn wir in dieser Wildnis eine Woche
überleben wollen, müssen wir alle was
dafür tun. Jeder hilft mit ..."
Dann verteilt er Sägen und Beile.
Zuerst müssen wir vier kleine Bäume fällen.
Und alle Äste abschneiden.
Damit nur die Stämme übrig bleiben.
Vier Stück.
Für jede Jurte zwei.

Jurten – so heißen die Zelte, die wir aufbauen.
Eine Jurte für die Jungen und eine für die
Mädchen.
Riesengroße, schwarze Zelte.

Aus vielen, vielen einzelnen Zeltbahnen wird
eine Jurte zusammengeknöpft.
Mit Stricken verknoten wir zwei Baumstämme
zu einem Kreuz.
An den gekreuzten Baumstämmen wird die
Jurte aufgehängt.
Oben im Dach ist ein Loch.
Damit der Rauch abziehen kann.

Denn in der Mitte hängt an langen Ketten eine Feuerschale aus Eisen.

Ein pickeliger Junge reißt erschreckt die Augen auf und ruft: „Wir haben doch nicht etwa Feuer im Zelt?"
„Na klar", sagt Max, „so wird es seit tausend Jahren gemacht."
„Ist das nicht gefährlich?"
Max lacht: „Das ganze Leben ist gefährlich."
Der Junge: „Und wenn es regnet?"
„Ein bisschen Regen macht nichts.
Bei starkem Regen geht das Feuer aus.
Aber ihr schlaft ja alle am Rand und bleibt trocken."

Das stimmt tatsächlich. Die Jurten sind so groß, dass für alle genug Platz ist.
Wir schleppen unser Gepäck rein und richten die Schlafplätze ein.

Was für eine Plackerei!
Ich lege mich auf meine Isomatte und den Schlafsack und will ein bisschen chillen.
Aber nix da!
„Feuerholz sammeln!", ruft Max. „Und wir brauchen Freiwillige zum Kartoffelschälen!"

KAPITEL 6

Auf diesem Bild hat sich ein Fehler eingeschlichen.
Was ist falsch?

_____

_____

Zum Nachdenken

Kapitel 7: Alexander und die Gitarre

Der Holzstapel ist so hoch, als ob wir daraus
ein Haus bauen wollten.
Wir haben über eine Stunde lang gesammelt!
5 Zwei Erwachsene zerbrechen die längsten
Äste.
Eine Frau schichtet kleine dünne Zweige auf.
Die Freiwilligen schälen Kartoffeln.

An einem Gerüst aus drei frischen
10 Baumstämmen hängt an Ketten ein
riesengroßer Topf über dem Feuer.
Es gibt Erbsensuppe.

Eigentlich mag ich keine Erbsensuppe.
Aber ich bin so hungrig, dass ich mir
15 dreimal Nachschlag nehme.

Abends sitzen wir noch lange am Feuer.
Es ist wie in der Schule:
An einer Seite klucken die Mädchen
zusammen, an der anderen die Jungen.
20 Die Mädchen kichern, die Jungen erzählen
Witze und spielen sich auf.
Neben mir sitzt Murat.
Er hat Kaugummis dabei und gibt mir was ab.

Einer von den Erwachsenen packt eine
Gitarre aus.
Er heißt Alexander.
Der Typ war mir schon am Flughafen
aufgefallen.
Er sieht verwegen aus.
Trägt ein Tuch auf dem Kopf wie ein Pirat.

Als er singt, werden alle still.
In den Liedern geht es ums Verreisen und um
Abenteuer.
Alexander singt von Lagerfeuern, von fremden
Ländern, von Aufbruch und von Abschied.
Es klingt rau und wild, aber irgendwie auch
ein bisschen traurig.

Die Flammen fressen mehr und mehr von den
Hölzern.
Das Feuer faucht und zischt.
Es ist größer geworden.
Der Holzstapel ist geschrumpft.
Funken fliegen in den Nachthimmel.

Alexander singt wieder und wieder denselben
Refrain:
„Ich wäre so gern noch geblieben,
aber der Wagen, der rollt."

Ein paar stimmen ein und singen mit.
Einige beginnen zu schnipsen,
Murat neben mir klatscht den Takt.
Irgendwann singen wir alle, ich auch.

5 Es passiert einfach.
Ich sitze nachts am Feuer, mitten in der
Wildnis, mit fremden Leuten, und singe ein
albernes Lied –
„... aber der Wagen, der rollt ..."

10 Völlig abgedreht und verrückt.
Aber auch schön.
Und wenn ich mich auf den Rücken lege
und nach oben gucke, funkeln am Himmel
Tausende von Sternen.

Christoph liegt auf dem Rücken, schaut in den
Sternenhimmel und lässt seine Gedanken schweifen.
Wie fühlt er sich? Woran könnte er jetzt denken?
An die kommenden Abenteuer? An Kiki? An sein
Zuhause? Oder an ganz andere Dinge?
Versetze dich in Christoph hinein. Schreibe seine
möglichen Gedanken auf einem Zusatzblatt auf.
Mensch, ist das schön. ...

Zum Nachdenken

Kapitel 8: Heiße Glut

War ich eingeschlafen?
Hab ich geträumt?
Ich reibe mir die Augen und richte mich auf.
5 Kalt ist es geworden.
Ich rutsche näher ans Feuer.
Es ist heruntergebrannt.
Nur noch ein Haufen glimmender, feurig roter
Glut, unglaublich heiß.

10 Murat sitzt nicht mehr neben mir.
Ich kann nicht sagen, dass ich ihn vermisse.
Seine ewigen Sprüche gehen mir ganz schön
auf den Geist.
Alexander spielt nicht mehr Gitarre.
15 Er sitzt da wie ein alter Indianer und starrt
in die Glut.

Murat sitzt –
neben –
Kiki!

20 Er erzählt ihr gerade was.
Und sie lächelt.
Sie lächelt!
Kiki lächelt Murat an!

Kapitel 8

Ich spüre, wie die feurige Glut in mir brennt.
Am liebsten würde ich Murat eine reinhauen.
Aber ...

Es ist ja meine Schuld!
5 Ich war zu langsam – oder zu feige?
Hätte ja selbst zu Kiki gehen können.

Murat erzählt etwas.
Er legt seinen Arm –
legt seinen Arm um Kikis Schulter!

10 Und ich ...

Ich stehe auf.
Weg hier!
Allein sein.
Keinen sehen.
15 Niemanden!
Ich stolpere los in Richtung Wald.

Alexander sieht mich.
„Wo willst du hin?", fragt er.
„Feuerholz holen", murmele ich.

20 Der Wald ist verdammt dunkel.
Und wenn das Feuer ganz verglüht?

Wie soll ich dann unser Lager wiederfinden?
Von Weitem kann ich es noch sehen.

Ich lass mich hinter einem dicken Baum auf
den Boden sinken.
5 Lehne mich an den Stamm.
Schließe die Augen.
Fühle mich einfach müde.
Unglaublich müde.

Plötzlich knallt mir das grelle Licht einer
10 Taschenlampe ins Gesicht.
Einer schreit: „Ich hab ihn gefunden!
Hier ist er!"
Und schwenkt die Taschenlampe.

Wo bin ich?
15 Was ist los?
Wer hat wen gefunden?

Von allen Seiten kommen sie.
Mit Taschenlampen.
Auf mich zu.
20 „Bist du okay?", ruft jemand.
Alexanders Stimme.
Hände greifen nach mir.
Ziehen mich vom Boden hoch.

KAPITEL 8

„Oh Gott – dir wird ja ganz kalt!",
ruft eine Frauenstimme, „du holst dir den Tod!"
Ich höre eine andere Stimme im Dunkeln:
„Kommt alle hierhin! Christoph wollte sich umbringen!"

Wie kommt jemand auf so 'ne blöde Idee?
„Nein!", schreie ich. „Ihr spinnt doch alle!
Ich will einfach nur meine Ruhe haben!"

Einige lachen.
Und tuscheln.
Fünfundzwanzig Taschenlampen leuchten in mein Gesicht.
Keiner glaubt mir.

Irgendwie bin ich später noch in die Jurte und in meinen Schlafsack gekrochen.

Schlafen!
Vergessen!
Weg sein!
Woanders sein!
Weg! Weg! Weg!

Kapitel 9: Ins Ungewisse

Nach dem Frühstück stellt Max sich vor
unsere Gruppe und sagt:
„Was wir hier erleben, in der Natur, möchten
immer mehr junge Leute auch haben.
Hunderte wollen in unsere Camps kommen.
Dafür brauchen wir neue Lagerplätze.
Alexander macht sich heute auf den Weg in
die Wildnis.
Bis er einen Ort findet, der so gut ist wie
dieser hier.
Vielleicht kommt er morgen zurück.
Vielleicht auch erst in drei oder vier Tagen."

Max schaut in unsere Runde, als will er was
von uns. Aber was?

„Erste Regel", fährt Max fort. „Ihr kennt die
erste Regel: Keiner geht allein.
Also: Wer begleitet ihn? Freiwillige vor!"
Ein Gemurmel und Getuschel bricht aus.
„Vier Tage?"
„In die Wildnis?"
„Einfach so drauflos?"
„Ohne Zelt?"
Mein Herz bummert.

Kapitel 9

Die Chance! Unterwegs sein! Irgendwohin.
Soll ich mich melden?
Das wär doch was.
Ein echtes Abenteuer! Aber ...
5 Ich schaue auf Alexander.
Kann ich neben so einem Typ bestehen?
Er ist sicher schon zwanzig.
Und ich hab keine Erfahrung in der Wildnis ...

Alexander steht ruhig da, mit seinem
10 Piratentuch, und blickt niemanden an.
Ich sehe Kiki.
Wie sie so dasteht, wirkt sie mutig und entschlossen.
Will sie sich melden?
15 Murat steht neben ihr.
Wartet sie darauf, dass er sich meldet?

„Ich bin dabei!", hör ich plötzlich meine Stimme.
Sie kommt einfach aus mir raus.
20 Laut und fest und klar.
Mit einem irren Echo.
Ich staune über mich selbst.
So klingt meine Stimme sonst nie.
Wie in Stereo.
25 Max und Alexander lachen.

Sie schauen abwechselnd auf Kiki und mich.
Und plötzlich kapier ich:
Das war gar nicht nur meine Stimme!
Kiki hat im selben Augenblick, in derselben
Sekunde, dasselbe gesagt wie ich, mit
denselben Worten:
„Ich bin dabei!"

Max klatscht in die Hände. Er ruft:
„Zwei Freiwillige auf einmal –
das hatten wir noch nie!"

Es ist, als ob ein Stromschlag durch mich
zischt.
Mit Kiki gemeinsam!
Wir beide unterwegs mit Alexander …
Der Hammer!
Ich kann es kaum fassen.
Stell mir schon die Bilder vor …

Christoph stellt sich Bilder von der gemeinsamen Tour vor. Was für Bilder könnten das sein? Versuche, eins davon zu zeichnen und zu kommentieren. Oder schildere ein Erlebnis, das Christoph in der Wildnis haben könnte. (Zusatzblatt)

Zum Nachdenken

Kapitel 10: Schicksal?

„Zu dritt? Kommt gar nicht infrage", schaltet Alexander sich ein. „Zwei Leute, das reicht."

Max reibt sich die Hände.
„Tja. Also, was machen wir da?"
Er schaut zu Kiki, er schaut zu mir.
„Da gibt's nur eins", sagt er schließlich. „Das Los soll entscheiden. Seid ihr einverstanden?"

Eine Stimme in mir schreit:
Lass Kiki den Vortritt!
Zieh deine Meldung zurück!
Sie wird denken, ich bin großzügig,
ein echter Gentleman.
Und ich muss mich nicht irgendwohin durchs
Ungewisse quälen, sondern kann bequem hier
bleiben, im Lager mit den Jurten ...

Aber eine andere Stimme in mir raunt:
Quatsch! Ich will doch das Abenteuer!
Warum soll ich auf die Chance verzichten?
Es geht ja nicht gegen Kiki!
Sie will es, und ich will es.
Aber nur einer kann dabei sein.
Also ...

„Okay", sagt Kiki, „das Los entscheidet.
Schere, Stein, Papier?"
Ich starre sie verblüfft an.
Genau das hab ich mir auch gerade überlegt.
Sie hat ausgesprochen, was ich gedacht hab.
Wir treten aufeinander zu.
Um uns herum bildet sich ein Kreis.
Kikis Augen funkeln.
Ich spüre:
Sie will unbedingt gewinnen.
Wir strecken uns die Fäuste entgegen.

„Tsching – tschang – tschong!"
Meine „Schere" prallt an ihrem „Stein" ab.
Eins zu null für sie.

„Tsching – tschang – tschong!"
Meine „Schere" zerschneidet ihr „Papier".
Eins zu eins.

Warum habe ich zum zweiten Mal die
„Schere" gemacht? Keine Ahnung.

„Tsching – tschang – tschong!"
Ich „Stein", sie „Schere".
Zwei zu eins für mich.
„Das war's!", ruft Max. „Christoph geht mit!"

Ich gebe Kiki die Hand.
„War wohl Schicksal", sage ich mit rauer Stimme, „dir hätt ich's auch gegönnt."

Sie schaut mich an, von oben bis unten.
Ihre Augen sind grün, sehe ich nun.
Sie verzieht keine Miene.
Lässt nicht erkennen, was sie gerade denkt.
Und sie sagt, mit ihrer unglaublichen Stimme:
„Erstatten Sie mir Bericht, Major, wenn Sie zurückkehren? Ich möchte alle Einzelheiten – wie es wirklich war."

Max tritt zwischen uns.
„Kraft hast du ja wohl", sagt er, „hat Björn mir jedenfalls erzählt."
Ich werde rot.
Meint er die Ohrfeige?

Alexander zieht mich beiseite.
Er fragt: „Du weißt, was das bedeutet?
Tagelang marschieren? Ohne richtige Wege?"
Ich nicke stumm.
Natürlich hab ich keine Ahnung, auf was ich mich da einlasse.
Ich denke nur: Wie gut, dass ich so stabile Wanderschuhe hab.

Plötzlich höre ich wieder Kikis Stimme.
Sie fragt Murat: „Warum hast du dich nicht
gemeldet? Traust du dich nicht?"
Er grinst und greift nach ihrer Hand:
„Mit dir würde ich mich überall hintrauen!"
Er spricht so übertrieben und unecht wie ein
Schauspieler in einer Telenovela.

Abschätzig blickt Kiki ihn von der Seite an.
Dann zieht sie ihre Hand weg.
Und schaut mir in die Augen.
Mir!
Und ...
Lächelt!
Kiki lächelt mich an!

Jetzt müsste ich was sagen.
Ich frage: „Wie ist eigentlich dein richtiger
Name?"
Sie zieht ihre Nase kraus und sagt:
„Kimberly. Aber das bedeutet mir nichts.
So heißen viele."
„Ich werde Sie also weiterhin Kiki nennen,
Genosse General!"
Wir kichern beide.
Max sagt: „Okay. Ich pack dir alles zusammen,
was du brauchst."

Ich mag mich gar nicht von Kikis Blick
losreißen.

Alexander zupft mich am Ärmel: „Am besten
kommst du mit und guckst zu. Damit du weißt,
5 welche Dinge an welchem Platz sind."

Er meint den Rucksack.
Meine Überlebensausrüstung.
Es durchrieselt mich heiß und kalt.
Nicht mehr lange, dann brechen wir auf!
10 Kein Film, kein Computerspiel.
Ein Abenteuer!
Auf unerforschten Wegen.
In echt ...

Kapitel 11: Das Gepäck

15 Ich muss plötzlich daran denken,
wie wir kurz vor den Sommerferien auf
Klassenfahrt gewesen sind.
Das war auch nur für vier Tage.
Alle aus der Klasse hatten riesige
20 Reisetaschen mit – und dazu noch einen
schweren Rucksack. Keiner von uns konnte
seine Sachen allein tragen.

Was ich mir jetzt über die Schulter werfe,
ist kleiner und leichter als damals der Beutel
nur mit Kevins Süßigkeiten.

Schlafsack, Regenplane, Mückennetz.
5 Angelhaken und Schnur.
Ein Kochgeschirr, ein paar Seile.
Pflaster und Verbandszeug.
Mehr nicht.
Am Gürtel ein großes Taschenmesser mit
10 vielen Werkzeugen, sogar mit Säge.
Am Tragegurt eine Wasserflasche.
Alexander hat noch ein Feuerzeug
und einen Magnesiumstab.
Wie der funktioniert, will Alexander mir
15 zeigen, wenn wir unterwegs sind.

Keine Hose und kein Hemd zum Wechseln.
Keine zusätzliche Unterwäsche.
„Ist doch nur für ein paar Tage",
sagt Alexander.
20 Nicht mal ein Handy – dafür gibt's in der
Wildnis kein Netz.

Am Rucksack hängt eine eingerollte
Hängematte.
Alexander sieht meinen fragenden Blick.

„Lieber über den Krabbeltieren hängen,
als mitten im Gras zwischen ihnen liegen",
sagt er nur.

„Okay." Ich tu so, als ob ich lächle.
Neben Alexander komm ich mir vor wie ein
kleiner Junge, der keine Ahnung hat.
Na ja, das bin ich ja eigentlich auch ...

„Hast du dich verletzt?", frage ich plötzlich,
denn aus einer Tasche holt Alexander Schere
und Pflaster.
Er schüttelt den Kopf.
Zieht sich Schuhe und Strümpfe aus und sagt:
„Ich kann dir nur raten: Kleb dir die Füße ab!
Überall da, wo es scheuern könnte."
Er zeigt mir, an welche Stellen die Pflaster
geklebt werden müssen.

Dann breitet er eine Landkarte aus und stellt
einen Kompass darauf.
Sein Finger fährt über grüne und blaue
Flächen. „Wir gehen hier entlang. In einem
Bogen um unser Lager rum. Wenn wir einen
guten Platz gefunden haben, kehren wir um."
Verflixt, meine Stimme ist plötzlich ganz rau.
Muss mich erst mal räuspern, als ich frage:

„Wie viele Kilometer, ungefähr?"
„Werden wir sehen", entgegnet Alexander
munter und zeigt auf die Karte.
„Vielleicht finden wir schon an diesem See eine
5 gute Stelle. Dann sind wir in einem Tag zurück.
Vielleicht müssen wir aber auch bis hier.
Wird sich zeigen."

Ich nicke. Ich bin bereit.
Im letzten Augenblick stecke ich noch meine
10 Digitalkamera ein.
Das ganze Lager winkt uns hinterher, als wir
davonstapfen.
Ich schiele rüber zu Alexander neben mir.
Er winkt nicht, er marschiert einfach drauflos.

15 Aber ich sehe Kikis Augen.
Irgendwie ist sie dabei.
Ja, in meinen Gedanken kommt sie mit.

Christoph und Alexander machen sich auf den Weg in die Wildnis. Nimm dir jetzt ein bisschen Zeit und informiere dich über das Land, in dem die beiden unterwegs sind: Schweden. Lies im Anhang des Buches den Text auf Seite 106–107.

Zum Nachdenken

Kapitel 12: Der Wald

Gehen. Unterwegs sein.
Durch einen riesigen Wald.
Ohne richtigen Weg.
5 Wir stapfen über Moos und Tannennadeln.
Die Bäume geben Schatten,
aber es ist sehr heiß.
Alexander geht in einem ruhigen Tempo voran.
Ohne was zu sagen.
10 Mal knackt ein zertretener Zweig.
Sonst ist es ganz still.

„Meinst du, wir sind die Ersten,
die hier gehen?", frage ich Alexander.
Er zuckt mit den Schultern.
15 „Möglich wär's."
Dann schweigt er wieder.

Will er nicht mit mir reden?
Mag er mich nicht?
Ich gebe mir einen Ruck und frage: „Bist du
20 sauer, weil ich gewonnen hab und nicht Kiki?"
Er dreht sich um, echt überrascht.
„Wie? Gewonnen? Ach so, du meinst das
Mädchen!"
Er grinst.

„Sie sieht schon taff aus, da hast du recht.
Als ob sie Ausdauer hat und auch mal
Schmerzen aushalten kann.
Aber das trau ich dir genauso zu."

„Schmerzen?", frage ich, „rechnest du damit,
dass wir uns verletzen?"
„Ohne Kratzer geht es nie ab", sagt Alexander,
„oder Mückenstiche, Brennnesseln – ach was
weiß ich. – Versteh bitte: Ich mag halt nicht
viel sabbeln, wenn ich endlich mal wieder die
Geräusche des Waldes hören kann."

Wir stapfen weiter.
Wann bin ich überhaupt mal durch einen Wald
gegangen?
Kann mich gar nicht erinnern.

Links ein Rascheln. Eine Maus?
Magisches Sonnenlicht strahlt durch die
Äste und Zweige.
Die Blätter leuchten gelb, hellgrün und
dunkelgrün.
Haben die Vögel schon die ganze Zeit
gesungen?
Hab nicht darauf geachtet.
Ein Knacken hinten im Gebüsch.

Gehen, einfach immer weitergehen.
Alexander bückt sich und hebt einen
schlanken Ast auf – ohne stehen zu bleiben.
Beim Gehen zückt er sein Taschenmesser und
schnitzt an dem Stab.
„Solltest dir auch einen Wanderstock suchen",
sagt er, „gibt den Beinen mehr Halt – und ist
auch als Angel zu gebrauchen."
Ein Wanderstab?
Bin doch kein alter Opa!
Aber wenn Alexander das sagt ...

Tatsächlich!
Hätt ich nie gedacht:
Mit dem Stab ist das Gehen weniger mühsam.

Seltsam geformte Bäume, wie Lebewesen.
Die Baumstämme und die Äste scheinen
schwarz im Gegenlicht.
Es ist wie eine verzauberte Welt.

Ein besonders knorriger Baum, mit Zweigen,
die aussehen wie die Arme einer Krake.
Ich bleibe stehen.
Will ein Foto knipsen.
Ich geh in die Knie, damit ich den ganzen
Baum aufs Bild krieg.

Kapitel 12

Ich geh einen Schritt nach rechts – Au!
Voll mit der Hand in die Brennnesseln!

Alexander dreht sich im Gehen zu mir um.
„Am besten gar nicht anhalten!", ruft er.
5 „Wir müssen in unseren Rhythmus kommen,
dann wird es einfacher."
Er hat recht.

Nach der kleinen Pause ist das Gehen
mühsamer als vorher.
Also: Immer weitergehen.
Im Rhythmus bleiben!
5 Und nicht an den brennenden Schmerz in
der Hand denken ...
Ob ich das durchhalte?

„Die ersten Stunden sind immer schwierig",
sagt Alexander.

10 Linkes Bein, Wanderstock,
rechtes Bein, noch ein Schritt,
weitergeh'n,
linkes Bein, Wanderstock ...

Es ist wirklich so:
15 Nach einer Weile sind wir in einem Rhythmus.
Und der kommt nicht aus Ohrstöpseln.
Sondern aus uns selbst.

Wie lange gehen wir schon?
Drei Stunden? Oder fünf?
20 Mein Hemd ist unter dem Rucksack ganz nass
geschwitzt.
Vor mir geht Alexander in ruhigem Schritt.
Machen wir nicht irgendwann mal eine Pause?

Ich verkneife mir die Frage.
Vor mir baumelt die zusammengerollte
Hängematte an Alexanders Rucksack.

Weiter! Immer weiter!

5 Alexander dreht sich beim Gehen um:
„Ist das Tempo noch okay für dich?"
„Ja, ja, es geht!"
Ich muss ganz schön keuchen.
„Was schätzt du – wie viele Kilometer haben
10 wir schon?"
„Zwölf bestimmt. Vielleicht auch fünfzehn.
Du schlägst dich sehr wacker!"

Ich nicke nur.
Fünfzehn Kilometer!
15 So weit bin ich noch nie in meinem Leben
gewandert.
Reicht das nicht für einen Tag?
Alexander schreitet weiter aus, in seinem
gleichmäßigen, ruhigen Tempo.
20 Ich trotte hinterher.
So hab ich mir das Abenteuer nicht
vorgestellt!
Allmählich tun mir die Füße weh.
Sind sie wund gescheuert?

Kapitel 12

Trotz des Pflasters?
„Kiki sieht aus, als ob sie Schmerzen
aushalten kann", hat Alexander gesagt.
Jetzt weiß ich, was er meint.
5 Zähne zusammenbeißen!
Ab und zu mal ein Schluck aus der Flasche.

Gehen. Gehen. Gehen.

Wir sind in Schweden!
Auf einer Wanderung in die Wildnis.
10 Wie ich es mir gewünscht habe!
Linkes Bein,
rechtes Bein ...

Es stimmt: An den Schmerz gewöhnt man sich
nach ein paar Stunden.
15 Ich spür meine Füße gar nicht mehr.

Alexander traut mir zu, dass ich es schaffe.
Warum soll ich nicht selbst daran glauben?
Er soll keinen Grund haben, über mich zu
lachen!
20 Und plötzlich tut sogar das Brennen in der
Hand gar nicht mehr so weh.

Kapitel 13: Durchhalten!

Dann geht es über eine endlose Wiese.
Dahinter liegt ein See.
„Wäre dies nicht ein guter Lagerplatz?",
frage ich Alexander.
Er schüttelt den Kopf.
„Kein Zufluss. Fauliges Wasser.
Viel zu viel Schilf."
Stimmt: Der See ist halb zugewachsen.
Und zu klein.

Wenn diese blöden Mücken nicht wären!
Ich bin schon total zerstochen.
Auf den Armen, den Beinen, im Gesicht –
überall Mückenstiche.
Das Spray, das meine Mutter mir mitgegeben
hat, nützt überhaupt nichts.
„Reib Spucke drauf!", rät Alexander.
„Und nicht kratzen! Dann ist es bald vorbei."

Tatsächlich! Spucke hilft.
Nicht kratzen!
Auch wenn es juckt und juckt und juckt –
es geht nach einer Weile vorbei.

Wieder ein See. Sieht gut aus.

Aber der Boden ringsum ist zu schlammig für ein Lager. Der reinste Sumpf.

Und wieder durch einen Wald.

Hier wachsen Blaubeeren!
Wir stürzen uns darauf.
Frische Blaubeeren, saftig und lecker.
Aber die stillen den Hunger nur für kurze Zeit.
Hat Alexander überhaupt was zu essen dabei?
Irgendwann müssen wir doch mal anhalten!
Wie spät mag es sein?
Bestimmt schon bald Abend.
Wir sind den ganzen Tag nur gelaufen!

Hier!
Dieser See sieht ideal aus.
Groß genug. Klares Wasser.
Der Untergrund drum herum fest und trocken.
Denkste!
Die freie Fläche ist zu klein für das Lager, meint Alexander.

Also weitergehen!

Mein Körper fühlt sich an wie eine knirschende, klapperige Maschine.

Eine überdrehte Maschine, die immer weiter
arbeitet, auch wenn sie gleich kaputtgeht.
Aber sie läuft noch.
Immer weiter.

5 Die Sonne steht schon tief, als wir wieder an
einen kleinen See kommen.
Alexander bleibt stehen.
Ringsum Bäume und noch mehr Bäume.
Und der See.
10 Friedlich glitzert das Wasser in der
Abendsonne.
Alexander streift den Rucksack von den
Schultern.
„Hier bleiben wir heute Nacht!"

15 Na endlich!
Wurde auch Zeit.
Ich bin fix und fertig.

„Du hast klasse durchgehalten",
sagt Alexander, „Respekt!"
20 Dass er mich lobt, tut mir gut.

Bloß raus aus den Schuhen!
Ich lass mich ins Gras fallen,
ziehe Stiefel und Strümpfe aus.

Die Pflaster sind nass vom Schweiß.
Ich reiße sie ab –
und hätte beinah laut aufgeschrien.
Überall Blasen!
5 Ein paar sind aufgeplatzt.
Darunter das rohe Fleisch.
Wie blutige Wunden.

„Es ist wie immer im Leben", sagt Alexander,
„wir müssen unangenehme Tage überstehen.
10 Aber wenn wir durchhalten, können wir alles
erreichen, was wir wollen."

Er hat gut reden.
Ihm tun nicht die Füße weh.
Ich humple zum See.
15 Bloß die Füße ins Wasser!
Das wird eine Wohltat sein ...
„Stopp! Tu das nicht!", ruft Alexander.
Ich dreh mich um.
„Was hast du? Ich will doch nur meine Füße
20 kühlen!"
„Das seh ich! Und genau das wär jetzt falsch."
Er erklärt:
„Die Füße sind beim Wandern geschwollen.
Wenn du sie jetzt sofort ins kalte Wasser
25 tauchst, kann die Haut platzen. Echt wahr!

Besser, du gehst eine Weile barfuß und
lässt die Füße an der Luft abkühlen."
„Meinetwegen ..."

Ich will wenigstens einen Schluck trinken.
Muss irgendwas in den Magen kriegen.
Aber meine Wasserflasche ist leer.
„Nicht das Seewasser trinken!", ruft
Alexander, als ich meine Flasche ins
Wasser tauche.
„Am besten nur abgekochtes Wasser trinken!
Bis dahin nimm hiervon!"
Er reicht mir seine eigene Trinkflasche.
Sie ist noch zur Hälfte voll.

„Wie machst du das?", frage ich.
„Was?"
„Dass du mit so wenig Wasser auskommst!"

Alexander sagt: „... wenn wir durchhalten, können wir alles erreichen, was wir wollen."
Vielleicht hast du schon mal etwas erlebt, was diese Aussage bestätigt. Erzähle von einem eigenen Erlebnis mit der Überschrift „Ich habe durchgehalten". (Zusatzblatt)

Zum Nachdenken

Alexander schaut mich von der Seite an.
Er fragt: „Wenn du auf der Toilette bist –
freust du dich dann, wenn noch Klopapier an
der Rolle hängt? Oder humpelst du lieber mit
nacktem Hintern und runtergelassener Hose
durch die ganze Wohnung und suchst
verzweifelt irgendein Stück Papier, weil alles
verbraucht ist?"
„Warum fragst du so'n Scheiß? Was hat'n Klo
mit Trinken zu tun?"
„Es geht um Planung", sagt Alexander.
„Ich teile mir gern alles ein und hab es dann
zur Hand, wenn ich's brauche."

Ich lege mich ins Gras und schließe die
Augen.
Keine Ahnung, wie spät es ist.
So erschöpft hab ich mich noch nie im Leben
gefühlt.
Schlafen! Am liebsten nur noch schlafen ...

Kapitel 14: Auf die Probe gestellt

Alexander rüttelt mich am Arm:
„Wir haben noch 'ne Menge Arbeit vor uns!"
Ich reibe mir die Augen. Arbeit?

Plötzlich spüre ich ein Kribbeln im linken
Hosenbein.
Da krabbelt etwas.
Ameisen!
Rechts auch! Und im Hemd!
Ich springe auf.
Reiße mir Hemd und Hose runter und klopfe
sie aus.
Alexander lacht.
„Ist vielleicht doch nicht ganz verkehrt,
wenn wir die Hängematten aufhängen.
Was meinst du?"
„Okay."

Alexander zeigt mir, wie das geht.
Um einen Baumstamm wird eine Schlinge
gelegt.
Zugezogen.
Daran das Seil für die Hängematte.
Das andere Ende wird an einen zweiten Baum
geknotet.
Die Hängematte hängt knietief über dem
Boden.
Nun noch ein Seil gespannt!
Über der Hängematte.
Daran wird das Mückennetz gehängt.
Geschafft!

Endlich schaukeln die Hängematten.
Plötzlich spür ich wieder meinen Magen.
„Booh, hab ich einen Hunger!", rufe ich,
„wir haben ja auch seit heute Morgen nichts
gegessen ..."
Alexander blickt mich erstaunt an.
„Aber klar! Vorhin doch erst die Blaubeeren.
Und was für 'ne Menge!"

Ich weiß nicht, was ich davon halten soll.
Meint er das ernst?
Die paar Blaubeeren machen so satt wie ein
Schluck Wasser! Sie bestehen ja fast nur aus
Flüssigkeit!

„... und gestern Abend haben wir uns
dermaßen die Bäuche vollgeschlagen mit
Erbsensuppe", fährt Alexander fort,
„das reicht eigentlich für drei Tage."

Er will mich bestimmt nur ein bisschen ärgern.
Mich auf die Probe stellen, ob ich gleich
rumzicke oder ob ich cool bleibe.
Ich muss mich zusammenreißen.
Mir ist richtig flau im Magen.
Schwindelig vor Hunger.
Ich kann kaum auf den Beinen stehen,

jetzt spür ich auch wieder diese verfluchten
Blasen an den Füßen.
Noch nie hab ich so einen Hunger gehabt,
in meinem ganzen Leben nicht!
5 Aber ich bleibe cool, zwinge mich zu einem
Grinsen, mit zusammengebissenen Zähnen.
„Ja, ja, so 'ne Blaubeere ist nahrhafter als ein
ganzes Steak!", presse ich zwischen den
Zähnen hervor.

10 „An die Arbeit", sagt Alexander.
„Feuerholz sammeln!"
Also immer noch nichts zu essen!

Christoph ist erschöpft und hat Hunger – aber er soll Feuerholz sammeln.
Versetze dich in Christoph hinein und schreibe auf, was er jetzt denken könnte.

_____

_____

_____

_____

Zum Nachdenken

Kapitel 15: Geduld!

Wenn ich ehrlich bin:
An diesem Abend hab ich den Wald und
Schweden und das Wandern verflucht.
5 Wär das jetzt toll zu Hause in meinem Bett!
Aber ich muss bis zu den Knien durch
kratziges Gebüsch waten.
Und durch Brennnesseln.
Hier mal ein paar vertrocknete Zweige.
10 Dort etwas dürres Reisig.
Es wird schon dunkel, man kann kaum noch
was sehen.
Da! Ein ganzer Ast!
Ich ziehe und schleife ihn hinter mir her.

15 Am See hat Alexander eine Feuerstelle
gebaut.
Ringsum Steine.
In die Mitte legt er ein zerknülltes Stück
Zeitungspapier.
20 Darauf dünne Reisigzweige, so trocken,
dass sie bei jeder Bewegung knacken.
Das Feuerzeug!
Züngelnd fressen die Flammen das Papier und
beißen sich in die dürren Reisige.
25 Mir geht das alles zu langsam.

Ich hab Hunger!
Alexander hat eine aufreizende Geduld.
Er spricht mit dem Feuer:
„Klasse machst du das. Ja! Zeig, welche Kraft
in dir steckt ..."
Er zerbricht einen fingerdicken Zweig und
schiebt ihn behutsam in die kleine Flamme.
„Hier! Friss auch diesen leckeren kleinen
Happen! Der wird dir gut schmecken ..."
Als ob er zu einem Hund spricht.
Oder zu einer Katze.
Allmählich kommt mir das Feuer auch wie ein
lebendiges Wesen vor.

Alexander spricht mit dem Feuer wie mit einem
Hund oder einer Katze. Christoph kommt das Feuer
auch wie ein lebendiges Wesen vor.
Kannst du diese Empfindungen nachvollziehen?

☐ *Ja*   ☐ *Nein*   ☐ *Das fällt mir schwer.*

Meine Begründung: _____
_____
_____

Zum Nachdenken

„Was gibt's denn zu essen?", will ich fragen.
Aber ich verkneif es mir.
Wenn man ungeduldig ist, kann Alexander das
nicht leiden – so viel hab ich schon
mitgekriegt.
Ich gucke über das Wasser.
Die Sonne ist schon vor einer ganzen Weile
untergegangen, aber in Skandinavien wird es
im Sommer nachts gar nicht richtig dunkel.
Wie blaues Silber schimmert und glitzert
das Wasser.
Schwarz sind nur die Schatten der Bäume rings
um den See herum.

Nicht an den Hunger denken!

Erst wenn eine heiße, dicke Glut da ist, kann
man auf dem Feuer kochen.
Und das dauert.
Wo nimmt Alexander die Geduld her?
Ich kann vor Hunger kaum noch abwarten,
aber er zerknackt seelenruhig einen Zweig und
schiebt ihn in die Flammen.
Und wartet.
Später noch ein Stück Holz.
Wieder warten.
Kann das nicht schneller gehen?

Immer noch keine Glut!
Wie lange dauert das denn?

„Du kannst mal Wasser holen gehen", sagt
Alexander schließlich. „Nimm auch mein
Kochgeschirr mit. Mach beide halbvoll!"

Die beiden Kochgeschirre hängen an einem
Ast dicht über der glühenden, dunkel goldgrell
leuchtenden Glut.
Ob es Suppe gibt?
Was Alexander wohl noch in die Töpfe tut?
Gemüse vielleicht. Kartoffelstücke, Nudeln
oder Wurst ...

Gar nichts!
Er tut gar nichts rein.
Lässt einfach nur Wasser über dem Feuer
kochen.
Als es eine Weile gebrodelt hat, füllt er eine
Hälfte in meine Trinkflasche.
Schraubt sie zu und legt sie zum Abkühlen ins
flache Wasser am Ufer.

Den Rest teilt er auf, sodass jeder in seinem
Kochgeschirr ein bisschen Seewasser hat.
Mehr nicht!

Aus einer Plastikdose holt er ein paar
Teebeutel und fragt: „Kräutertee?
Pfefferminztee? Oder lieber Hagebutte?"

Ich starre ihn an.
Der Typ macht keine Witze.
„Pfefferminz", würge ich hervor.

„Gute Wahl", sagt Alexander. „Nach so einem
Tag ist Pfefferminztee was Herrliches!"

Ich kann nicht länger an mich halten.
„Und was essen wir?", platzt es aus mir raus.

Alexander sieht mich prüfend an.
„Du meinst es ernst, wie? Na ja, ich hab heute
Morgen noch ein Stück Brot eingesteckt.
Das ist eigentlich als Reserve gedacht.
Für Notfälle."

Also mein beißender Hunger soll kein Notfall
sein? Noch nie hab ich so dringend was zum
Kauen gebraucht wie jetzt!

Alexander greift in seinen Rucksack.
Nur eine einzige dicke Scheibe Brot!
Wie soll ich davon satt werden?

Er bricht die Scheibe in zwei Hälften.
Eine reicht er mir.
Was, nur die Hälfte?
Und nur so? Trocken? Ohne Aufstrich?
5 Wut kocht in mir hoch.
Er packt die zweite Hälfte wieder ein.
„Tunk es in den Tee und kau langsam",
sagt er zu mir.

Nanu?
10 Das schmeckt ja gut!
Völlig egal, was es zu essen gibt.
Hauptsache, irgendwas im Mund.
Tatsächlich kann so ein Stück trockenes Brot
mit Tee den Hunger verscheuchen.

15 Irgendwo im Gras zirpen Grillen.
Mal kreischt ein Vogel.
Das Feuer knistert.
Leise plätschern kleine Wellen ans Ufer.
Sonst ist es still.
20 Die Welt ringsum – vollkommen still.

Plötzlich ist alles nur noch schön.
Ich bin unterwegs! Nachts im Freien!
Ich habe durchgehalten.
Alexander hat mich sogar gelobt ...

Über uns funkeln Tausende von Sternen.
Ich fühle mich – wie soll man es beschreiben?
Frei und zufrieden und – ja, richtig glücklich.
Nichts in meinem Leben hat sich bisher so
angefühlt.

Aber auf Dauer stören die Mücken.
Wir flüchten in die Hängematten unter die
Netze.

Hier wird beschrieben, was für das Leben in der Wildnis wichtig ist. Fülle die Lücken aus.

Um Feuer zu machen, sammeln Christoph und Alexander _____, und zwar vertrocknete _____ und dürres _____.

Um die Feuerstelle herum liegen _____.

In der Mitte wird ein Stück _____ mit dem _____ angezündet.

Darüber legt man die _____.

Zum Schlafen wird um einen _____ eine _____ gelegt, daran ist das _____ für die _____.

Über der _____ wird ein zweites _____ gespannt. Daran wird ein _____ zum Schutz gegen die _____ befestigt.

Um Trinkwasser zuzubereiten, wird Wasser aus dem See auf dem Feuer _____.

Zum Nachdenken

Kapitel 16: Es knackt

Das Feuer ist runtergebrannt.
Die Hängematten schaukeln sacht.
Wir liegen in den Schlafsäcken.
Ich muss an Kiki denken.
Wie wäre es, wenn sie dabei wäre?

„Warum wolltest du nicht drei Leute in der Gruppe haben?", frage ich schließlich.
Alexanders Stimme antwortet im Dunkeln:
„Weil es zu dritt ganz schnell Probleme geben kann. Nervkram brauchen wir nicht unterwegs."

Nervkram?
Kann es mit Kiki nervig sein?
Und schon sehe ich uns, wie wir beide auf einer Wiese am Wasser sitzen ...
Dabei bin ich wohl eingepennt.

Durch ein Knacken werde ich plötzlich wach.
Was war das?
Ich will mich umdrehen.
Die Hängematte beginnt zu schaukeln.
Krack!
Wieder hat es geknackt!

Da ist jemand in der Nähe!
Da vorne, hinter den Bäumen!
Ein Mensch?
Wer schleicht hier nachts durch den Wald?
Oder ein Tier?
Womöglich ein großes?
Gibt es hier gefährliche Tiere?

In der Dunkelheit ist kaum etwas zu erkennen.
Ich verhalte mich still. Keine Bewegung!
Nebenan zeichnet sich im Dunkeln das helle
Netz von Alexanders Hängematte ab.
Ruhig und tief geht sein Atem.
Alexander schläft.

Hab ich wirklich ein Knacken gehört?
Oder hab ich das nur geträumt?
Mir nur eingebildet?
Ich lausche in die Nacht.
Da! Noch ein Knacken! Ganz deutlich!
Soll ich Alexander wecken?
Sind wir in Gefahr?
Oder lacht er mich aus, wenn es nur etwas
Harmloses ist?
Der dunkle See, die Bäume ringsum,
verschmolzen zu einer schwarzen,
stummen, reglosen Masse.

Der dunkle Himmel,
die weit, weit, weit entfernten Sterne.
Die Stille! Die Wildnis!
Hier fährt kein Auto hin,
5 kein Bus, keine Bahn,
kein Flugzeug und kein Schiff ...
Der dunkle Himmel,
die weit, weit, weit entfernten Sterne.
Die Stille!

10 Plötzlich fühle ich mich gar nicht mehr so
mutig und stark.
Eher das Gegenteil.
Habt ihr mal nachts im Freien gelegen,
ungeschützt, und habt im Dunkeln ein
15 Knacken gehört, ganz in der Nähe?

Da! Schon wieder!

Hm. Besonders gefährlich klingt es nicht.
Ein großes, schweres Tier würde viel mehr
Krach machen.
20 Dies klingt wie –
plötzlich weiß ich, wie es klingt:
wie ein verschrecktes, kleines Tier, das sich
verstecken will!
Vielleicht hat es Angst?

Hat unser Lager gerochen und verkriecht sich
vor Schreck hinter den Bäumen!
Ich muss plötzlich grinsen.
Atme tief durch und schließe die Augen.
5 Bevor ich einschlafe, fällt mir plötzlich eine
Geschichte ein.
Die hat mein Vater mir mal erzählt, als ich
klein war.
Bevor er abgehauen ist.
10 Die Geschichte ist ganz kurz.
Aus dem alten China.
Sie geht so:

„Die Angst klopft an die Tür.
Das Vertrauen öffnet.
15 *Keiner steht draußen."*

Kapitel 17: Der Angriff

Nach zwei Tagen hab ich mich an alles
gewöhnt.
Ans stundenlange Marschieren.
20 An das Hungergefühl.
Und an Alexanders Schweigen.
Auch dass es mal stundenlang geregnet hat,
war nicht weiter schlimm.

Kapitel 17

Am nächsten Morgen sind unsere Stiefel
wieder trocken geworden.

Und ich kann eine Menge neue Sachen:
stabile Knoten binden und lösen.
Ein kontrolliertes Feuer machen.
Mit einer selbst gebauten Angel Fische
fangen.
Einen Fisch hab ich schon rausgeholt.
Alexander hat mir gezeigt, wie man das
macht.
Und wie man die Fische ausnimmt.
Meinen hab ich allein aufgeschnitten und
ihm die Gedärme rausgezogen.
War gar nicht so schlimm.

Die Fische haben verdammt gut geschmeckt.
Geröstet, über dem Feuer.

Weil ich eine Menge kann, fühle ich mich jetzt
unterwegs auch nicht mehr so unsicher.
Ist alles nicht mehr so fremd.
Ja, ich bin sicherer geworden.
Passe besser auf.
Achte auf die Brennnesseln.
Und ich denke auch nicht mehr so viel ans
Essen.

Ich kümmere mich darum, was gemacht
werden muss.
Und kann es total genießen, wenn wir
morgens und abends übermütig in
einem See toben und planschen.

Es ist der dritte Abend.
Noch immer haben wir nicht den neuen
Lagerplatz gefunden, den Alexander für das
Camp suchen will.
Keiner ist ihm gut genug.
Immer hat er was zu mäkeln.
Schließlich sagt er:
„Wenn wir bis morgen Vormittag nicht fündig
geworden sind, geht's zurück ins Camp."

Das ist doch mal 'ne Aussicht!
Für die Nacht bleiben wir an einem schönen
kleinen See.
Das Ufer ist voller Steine.

Alexander nimmt seinen Rucksack mit ans
Wasser und baut sich die Angel zurecht.
Ich gehe Feuerholz sammeln.

Aus einem Augenwinkel sehe ich von Weitem,
wie Alexanders Angelstock mit einer

Schleuderbewegung durch die Luft saust,
als er die Schnur auswirft.

Dann ein Poltern und ein Schrei.
Alexanders Schrei!

5 Ich lasse das Holz fallen und renne los.
Alexander wird angegriffen!
Von einem riesigen Tier!
Es hat ihn mit dem Kopf vor die Brust
gestoßen.
10 Mit voller Wucht.
Alexander taumelt.
Er greift nach seinem Rucksack, will ihn wie
einen Schutz vor den Körper halten.

Ist das ein Elch?
15 Ohne dieses Schaufelgeweih.
Eine Elchkuh.
So groß wie ein Pferd.
Wütend stößt sie den Rucksack beiseite,
Alexander kann ihn nicht festhalten,
20 der Rucksack platscht in den See.

Das alles geht so rasend schnell,
so überraschend, dass ich erst mal schnallen
muss, was da los ist.

Alexander ist in Gefahr!
Wieder senkt das gewaltige Tier den Kopf
zum Angriff.

Die Steine am Ufer!
5 Dicht vor meiner Nase.
Ich bücke mich, wie im Traum.
Hebe einen Stein auf. Und werfe.
Der war zu klein. Und schlecht gezielt.
Noch einen!
10 Alexander hält sich stöhnend die Brust.
Das Tier will wieder angreifen.

Da! Der ist für dich!
Endlich hat ein Stein getroffen.
Die Elchkuh hält inne, schaut in meine
15 Richtung.
Wieder packe ich einen Stein und schleudere
ihn wütend gegen das Fell.
Alexander zieht sich vorsichtig hinter einen
Felsen am Ufer zurück.

20 Ich werfe wieder.
Noch mal getroffen!
Die Elchkuh schüttelt sich.
Schnüffelt, schnaubt – und setzt sich in
Bewegung. In meine Richtung!

Gelähmt vor Schreck,
sehe ich sie auf mich zukommen.
Immer schneller.
Himmel, was soll ich tun?

Kapitel 18: Die Angst

Da schreit jemand. Bin ich das?
Ja, der Schrei kommt aus mir selbst!
Ich renne.
So schnell wie noch nie in meinem Leben.
Quer durchs Unterholz.
Mein Atem – nur noch ein Keuchen.
Ich renne.
Die Welt – ein einziges Krachen und Knacken.
Zweige peitschen mir ins Gesicht,
da sind auch Dornen.
Ich wehre sie mit den Armen ab.
Ich renne.
Hinter mir das Schnauben der Elchkuh.
Kratzer, Schrammen, Ratscher –
völlig egal.
Es gibt keinen Schmerz mehr,
keine Empfindungen am Körper.
Nur noch die Angst.
Und den Baum da vorne!

Kapitel 18

Er gabelt sich.
Ein dicker Ast in meiner Reichweite!
Schon hab ich ihn gepackt,
ziehe mich hoch –
5 wieso bin ich plötzlich so stark?
Schon bin ich oben.

Keinen Augenblick zu früh.
Die Elchkuh stößt mit wütender Kraft
gegen den Stamm.
Der Baum zittert.
5 Mühsam halte ich mich fest.
Klettere ein Stück höher.

Oh nein! Ich muss dringend pinkeln.
Ausgerechnet jetzt!
Nicht in die Hose.
10 Ich halte mich mit einer Hand fest, zerre mit
der anderen den Reißverschluss auf.
Bloß nicht in ihre Richtung –
das wird sie nur noch wütender machen.
Egal!
15 Der Strahl schießt in hohem Bogen nach unten.
Ich genieße es sogar –
und muss plötzlich lachen.
Es ist so albern.
Ich pinkle einen Halbkreis um den Baum
20 herum, treffe auch das Tier.
Und ich weine und lache gleichzeitig und
klammere mich mit beiden Armen an den
Baum, presse mein Gesicht gegen die Rinde,
schluchze –
25 und schließe die Augen.

Kapitel 19: Lauschen

Alexander!
Der Gedanke schießt mir durch den Kopf wie
eine glühend heiße Pistolenkugel.
Ich reiße die Augen auf.
Alexander ist doch verletzt!
Ich muss zu ihm!

Die Elchkuh ist verschwunden.
Weg.
Weit und breit nichts von ihr zu sehen.
Hält sie sich versteckt?
Hinter dem Gebüsch da vorne?
Wartet darauf, dass ich endlich vom Baum
runterkomme?
Was soll ich nur tun?

Nachdenken!
Jetzt nur keinen Fehler machen.
Meine aufgeschürften Hände und Arme sehen
entsetzlich aus.
Im Gesicht brennen Kratzer und Schrammen.
Nicht daran denken!
Lauschen! Beobachten!
Nichts regt sich.
Kann ich es wagen?

Alles genau absuchen.
Ein Eichhörnchen huscht einen Ast entlang
und springt auf einen Nachbarbaum.
Sonst bleibt alles still.

5 Ich stütze mich in der Astgabel fest mit den
Füßen ab, packe einen dicken Ast und
rüttle ihn, so stark ich kann.
Die Zweige schütteln hin und her,
es rauscht, es raschelt, ich schaue mich um ...
10 Nichts rührt sich.
Also los!
Ich lass mich vorsichtig runter.
Die feuchten Blätter, die Tannennadeln und
das Moos unter den Füßen sind wie ein
15 weicher Teppich.
Ich mache kein Geräusch.
Halte den Ast fest: bereit, sofort wieder
hochzuklettern.

Alexander braucht meine Hilfe!
20 Behutsam mache ich einen Schritt.
Lasse den Baum hinter mir.
Alles okay.
Noch einen Schritt.
Und weiter!
25 Weiter, in Richtung See.

Kapitel 19

Aus der kurzen Geschichte (Seite 69) weiß Christoph, wie wichtig *Vertrauen* ist, um die *Angst* zu überwinden. Schreibe auf, was du mit diesen beiden Gefühlen verbindest. Beginne mit den einzelnen Buchstaben Wörter oder Sätze.

A _____

N _____

G _____

S _____

T _____

V _____

E _____

R _____

T _____

R _____

A _____

U _____

E _____

N _____

Zum Nachdenken

Kapitel 20: Die Felsplatte

Alexander stützt sich auf den Felsen am Ufer.
Eine Hand presst er gegen die Brust.
Er keucht: „Gut, dass du kommst! Wir müssen
den Rucksack aus dem Wasser holen!"

„Scheiß auf den Rucksack!", schreie ich.
„Was ist mit dir?"
Er verzerrt seinen Mund zu einem schiefen
Grinsen: „Hab einen saftigen Leberhaken
abgekriegt. Fühlt sich an, als ob ein paar
Rippen gebrochen sind."

Alexander lässt sich auf den Boden sinken,
er hält sich die schmerzende Brust und kann
kaum sprechen.
„Hol den Rucksack raus!", stößt er hervor.
Ich gehorche.
Wenn's ihm wichtig ist ...
An welcher Stelle ist der blöde Rucksack
reingeplumpst? Wo muss ich suchen?
Zum Glück ist das Wasser nicht tief.
Und total klar.
Nach ein paar Minuten ziehe ich das
tropfnasse Ding ins Trockene.
Und nun?

Kapitel 20

„Leberhaken! Rippen gebrochen!"
Wie ein Echo hallen die Wörter durch
meinen Kopf.
„Wir müssen hier weg!", murmelt Alexander,
„irgendwohin, raus aus ihrem Revier!"
Ich schnappe mir beide Rucksäcke,
den nassen und den trockenen.
Alexander schleppt sich neben mir her.
„Stütz dich auf mich!", sage ich und lege seinen
Arm über meine Schulter.
Wie gut, dass ich meinen Wanderstock habe!
Sonst würde ich jetzt zusammenbrechen.

In der normalen Welt könnten wir übers
Handy einen Krankenwagen rufen.
Hier gibt's ja nicht mal Straßen –
geschweige denn ein Netz für Mobilfunk!
Wie sollen wir morgen den Rückweg zum
Camp schaffen?

Wieder kommen wir an einen kleinen See mit
vielen Ufersteinen.
Zwischen einigen Bäumen liegt eine erhöhte
Felsplatte.
Das wäre ein guter Platz für die Nacht.
Glühend rot steht die Abendsonne am Himmel.
Alexander lässt sich auf den Boden sinken.

Plötzlich weiß ich ganz automatisch,
was ich zu tun habe.
Meine Augen gucken zu,
wie mein Körper arbeitet.
5 Alexanders Rucksack auskippen,
alles auf der warmen Felsplatte verstreuen.
Zum Trocknen.
Den nassen Schlafsack ausbreiten!
Und die Hängematte.
10 Mist! Die Stäbe sind gebrochen.
Alexander muss liegen.
Das ist der einzige Gedanke.

Ich nehme meine Hängematte.
Spanne sie auf.
15 Und das Mückennetz.
Für Alexander.
Hole meinen Schlafsack.
Der ist ja trocken.

Ich wuchte Alexander vom Boden hoch und
20 helfe ihm, in die Hängematte zu klettern.
Für mich wird sich schon noch was finden.
Später.

Kapitel 21: Der Feuergeist

Erst mal Feuerholz sammeln!
Alexander braucht einen Tee.
Er stöhnt vor Schmerzen und hält sich die
Brust.
Rasch suche ich trockene Zweige zusammen.
Natürlich ist das Feuerzeug nass geworden.
„Wie funktioniert das", frage ich Alexander,
„das mit dem Magnesiumstab?"

„Hol das kleine rote Etui!", keucht er mühsam.
Ich finde es.
Nehme einen eckigen, länglichen Stein raus.
Daran hängt, mit einem Faden festgemacht,
eine stumpfe Nadel aus Eisen.
„Kratz und scheuer damit auf dem
Magnesiumstab rum!", sagt Alexander.
Ich probiere es.
Ein Funkenregen sprüht hervor, wie eine
Flutwelle.
Millionen glühende Tropfen prasseln in die
Dämmerung.
Wie bei einem Feuerwerk.
Aber so viel ich auch kratze und streiche:
Die Funken reichen nicht aus, um ein Stück
Papier aus meinem Notizbuch zu entzünden.

Sie geben keine Flamme.
Das Trockenste, was ich finden kann,
sind ausgedörrte Strohhalme.
Ich zerbreche sie und reiße sie in dünne, kleine
⁵ Fäden; dazwischen mische ich brüchige Fasern
von vertrocknetem Moos und winzig kleine,
ausgerissene Papierschnipsel.
Eine Geduldsprobe!
Zum Glück geht die Sonne in Schweden erst
¹⁰ spät unter.
Schließlich liegt vor mir ein bröseliger
Klumpen wie ein Wollknäuel.
Ich lege feinste, dürre Reisigzweige drauf.
Jetzt der Magnesiumstab!
¹⁵ Einzelne Fasern in dem dürren Knäuel glühen
kurz auf.
Und verlöschen wieder.
Ein neuer Funkenregen!
Und weitermachen! Einfach weitermachen!
²⁰ Das Knäuel brennt!
Papier dazuschieben!
Ein erstes Stück Reisig fängt Feuer.
Nun das zweite. Und noch eins ...

Es ist ein stiller, verbissener Kampf.
²⁵ Ich ertappe mich dabei, dass ich plötzlich auch
zu dem Feuer spreche.

Wie Alexander.
Und ich bringe es zum Wachsen.
Schon beleuchtet das Feuer die Steinplatte und die Bäume ringsum.
In seiner Hitze brennen nun auch die dickeren Zweige.
„Danke, Feuergeist!", flüstere ich.
Die Sonne ist untergegangen.
Ich hab allein ein Feuer in Gang gebracht!
Ohne Feuerzeug.
Ich bin total stolz.
Meine ganz eigene Leistung!
Ich schaue zu Alexander.
Er sieht das Feuer nicht.
Er ist eingeschlafen.

Im ersten Augenblick gibt mir das einen Stich.
Mensch, ich racker mich hier ab, und er ...
Wär es jetzt wichtig, dass Alexander mich lobt?
Ach Quatsch, ich weiß ja selbst,
dass ich's gut gemacht habe.
Er muss sich erholen. Nur das ist wichtig.
Er braucht dringend seinen Schlaf.
Nun bin ich sogar noch stolzer auf mich.
Ich hab ihm meinen Schlafsack und meine Hängematte gegeben ...

Kapitel 22: Wenn das meine Mutter wüsste!

Im Feuerschein durchsuche ich die zerstreuten Sachen aus Alexanders Rucksack.
In der Plastikdose muss doch noch ein Stück altes Brot sein!
Natürlich aufgeweicht.
Igitt!
Aber ich finde noch etwas anderes.
Einen Schatz:
Zwei aufgeweichte Päckchen Tütensuppe.
Mit kleinen Nudeln drin!
Alexanders heimliche Reserve.
Gleich gibt es Suppe!
Ich kann es kaum abwarten.

Das Feuer hat noch nicht genug Glut zum Kochen.
Soll ich solange hier rumsitzen?
Das halt ich nicht durch.
Bewegen! Was tun!

Ich sammle Moos und Grasbüschel und Blätter und Strohhalme für mein Nachtlager.
Häufe ein großes, dickes Polster auf.
Hm. Gar nicht mal unbequem.

Zudecken werde ich mich mit meiner Jacke,
mit der Regenplane und dem Mückennetz.

Endlich kocht das Wasser.
Einen Teil gieße ich in den Deckel des
5 Kochgeschirrs, für den Tee.
In den Topf schütte ich eine Tütensuppe.
Nein, gleich beide Portionen!
Falls Alexander aufwacht und Hunger hat.
Zur Not kann man's morgen aufwärmen.

10 Die Suppe ist recht dünn.
Damit sie nahrhafter wird, brocke ich
Brotkrümel rein.
Wird schon schmecken.

Und wie!
15 So köstlich hat mir selten ein Essen
geschmeckt.

Ein prickelndes Gefühl durchrieselt mich.
Es fühlt sich an wie –
Nein, das kann doch kein Glück sein!
20 Glücklich ist man nur,
wenn das Leben bequem ist.
Dachte ich bisher.
Hier ist nichts bequem.

Kapitel 22

Ich bin erschöpft und verschrammt, in der
Hängematte liegt der verletzte Alexander,
irgendwo im Dunkeln lauern gefährliche Tiere,
keiner weiß, wie es morgen weitergeht, und ich
hab nicht mal einen trockenen Schlafsack ...

Aber es ist so: Ich bin glücklich.
Stolz auf meine Leistung und dankbar für eine
lausige Tütensuppe mit aufgeweichten
Brotkrumen!
Wenn das meine Mutter wüsste!

Das Feuer knistert und prasselt und faucht.
Wie ein lebendiges Wesen.
Wie ein Freund.

Christoph ist glücklich. Seine Leistung macht ihn
stolz. Da Alexander schläft, hat Christoph Zeit,
sein Notizbuch rauszuholen und seine Gedanken
und Empfindungen in einem Tagebucheintrag
aufzuschreiben. Natürlich denkt er jetzt auch an Kiki
und an das Wiedersehen mit ihr ...
Schreibe auf einem Zusatzblatt einen solchen
Tagebucheintrag für ihn.
Ich bin glücklich ...   Ich ...   Und Kiki ...

Zum Nachdenken

Kapitel 23: Einfach so

Ich hab gar nicht schlecht geschlafen auf dem selbst gebauten Lager.
Als ich aufwache, sitzt Alexander schon am Feuer und kocht Tee.
„Geht's dir besser?", frag ich.
Er nickt.
„Ja, ja. Geht schon."
Seine Stimme ist nur ein Flüstern.
„Du bist unglaublich", sagt er dann.
Ich tu so, als wüsste ich nicht, was er meint.
„Guck dich doch mal um", flüstert Alexander, „einen besseren Lagerplatz gibt's gar nicht."

Und jetzt erst begreife ich.
Der See hat frisches, klares Wasser.
Ringsum eine große, freie Grasfläche.
Und am Ufer ist ein riesiger Felsvorsprung.
Da drunter kann man eine ganze Ausrüstung trocken aufbewahren.
Ich mache eine Menge Fotos. Für Max.
„So was hab ich seit Tagen gesucht", sagt Alexander, „und du findest ihn auf Anhieb ... einfach so ..."
Er faltet seine Landkarte auseinander, richtet sie mit dem Kompass nach Norden aus.

„Wir müssen ungefähr hier sein."
Sein Finger fährt über eine Waldfläche mit kleinen Seen.
„Welcher sieht so aus wie unser See hier?"

Wir stellen uns auf die Felsplatte und gucken uns genau das Ufer an.
„Diese Einbuchtung da vorne – das könnte diese Stelle sein ..."
Alexander zeigt auf einen kleinen See auf der Karte. Tatsächlich!
Auch die Rundung am Westufer und der Zipfel nach Süden ...
Wir haben unseren See gefunden!
Alexander markiert ihn mit einem dicken Stift.
„Wie heißt der See?", frage ich.
Auf der Karte ist nichts eingetragen.
Keiner der Seen ringsum hat einen Namen.

„Und in welcher Richtung liegt das Camp?", will ich wissen.
Alexander zeigt es.
Er flüstert: „Wir sind in diesem Bogen um das Camp herumgegangen. Wenn ich durchhalte, sind wir heute Abend da!"
Das klingt gut und sagt sich leicht.
Sind aber über zwanzig Kilometer.

Alexander kann keinen Rucksack tragen,
die Riemen schmerzen zu sehr an den Rippen.
Wir lassen seinen Rucksack zurück.
Den kann Max holen, wenn er kommt,
um sich den Lagerplatz anzugucken.
„Aber steck meine Regenplane ein",
bittet Alexander. „Es sieht aus,
als ob es heute noch regnen wird."
Am Himmel ziehen sich bereits
dunkle Wolken zusammen.

Wir teilen uns den Rest Suppe,
Alexander gibt mir von seiner Portion ab.
Dann wird das Feuer gelöscht – und los geht's.
Seinen feuchten Schlafsack hänge ich mir auch
noch am Riemen über die Schulter.
Wir gehen im Schneckentempo.
Alexander schleppt sich nur mühsam vorwärts
und hält sich die Brust.
Er kann nicht mal einen Wanderstock halten.
Tut zu weh.

Dann fängt es an zu regnen.
Wir wickeln uns in die Regenplanen ein.
Das ist kein Vergnügen: in einem so langsamen
Tempo durch den strömenden Regen zu
marschieren.

Kapitel 23

*Linkes Bein, rechtes Bein,
Wanderstock, über'n Stein ...*

Die Tropfen prasseln auf die Kapuze.
Der Regen hört nicht auf.
5 Überall Pfützen und Schlamm.
Wir stapfen über eine sumpfige Wiese.
Dann wieder durch den Wald.
Nasse, tropfende Bäume.
Aufgeweichter, rutschiger Waldboden.
10 Gehen. Gehen. Gehen.
In einem quälend langsamen Rhythmus.
Weiter, immer weiter.
Durch eine endlos weite, nasse Welt.

Kapitel 24: Ausdauer!

Wie wir das durchgehalten haben?
Stunde um Stunde durch den Regen
und Alexander sogar noch mit den
5 starken Schmerzen –
wir sind einfach immer weitergegangen.
Es gab ja keine andere Wahl.
Wie gut, dass ich im Gehen geübt bin!
Und gelernt hab, Schmerzen auszuhalten.
10 Sonst hätte ich schon längst schlapp gemacht.

Am Nachmittag hört der Regen auf.
Wir halten nicht mal an,
um die Regenponchos einzupacken.
Das mach ich im Gehen.
15 Wir wissen beide:
Wenn wir anhalten, brechen wir zusammen.
Dann kommen wir nicht mehr hoch
und es geht gar nichts mehr.
Also: weitergehen.
20 Im Rhythmus bleiben.
Auch wenn es noch so hart ist.
Die Sonne brennt glühend heiß am Himmel.

Gegen Abend kann Alexander sich kaum noch
auf den Beinen halten.

Soll ich ihn hier liegen lassen und
Hilfe holen?
Es kann nicht mehr weit sein bis zum Camp.
Es kann nicht mehr weit sein?
Dann schaffen wir das letzte Stück auch noch!
Ich stütze ihn, halte seinen Arm fest,
der auf meinen Schultern liegt.

Mehr stolpernd als gehend schleppen wir uns
durch ein Waldgebiet.
Ich breche nicht zusammen.

Bis zum Camp! Bis zum Camp!
Linkes Bein, rechtes Bein.
Bis zum Camp! Bis zum Camp!
Wanderstock, weitergeh'n ...

Mein Körper ist wie eine Maschine,
die auf „Durchhalten" programmiert ist.

Kapitel 25: Das Leuchten

„Da sind sie!", ruft plötzlich eine Stimme.
Ein Stück weiter vorne, an einer Lichtung,
steht ein Junge.
Sammelt wohl Feuerholz.

Er streckt seinen Finger in unsere Richtung
und ruft nach hinten, über seine Schulter:
„Sie kommen! Sie sind da!"

Rasch kommen andere herbeigelaufen.
Hinter der Lichtung liegt das Camp!
Alle haben die Arbeit stehen und
liegen gelassen.
Schon eilen Max und Anneke auf uns zu.
Sie übernehmen Alexander,
tragen ihn zwischen sich.
Stimmen rufen durcheinander.
„Die sind ja verletzt!"
„Seid ihr überfallen worden?"
„Was ist passiert?"
„Ihr wart so lange unterwegs ..."
„Wo seid ihr gewesen?"

Anneke hebt die Hand und bringt die Stimmen
zum Schweigen.
„Ihr seht, dass sie erschöpft sind.
Lasst sie erst mal in Ruhe ankommen und
geht an eure Arbeit.
Erzählt wird nach dem Essen am Feuer."
Ich schiele aus dem Augenwinkel nach Kiki.
Wo ist sie? Nicht zu sehen.
Hat sie mich nicht erwartet?

Da höre ich dicht neben mir ihre eigenartige Stimme: „Wart mal – dein Rucksack – ich nehm ihn dir ab!"
Und ich spüre, wie mir die Last abgenommen wird.
„Danke", bringe ich nur hervor.
Wir schauen uns an.
Sie lächelt.
Diese Augen!
Sie hängt sich meinen Rucksack über, und nebeneinander gehen wir zum Lagerplatz.

Es kommt mir vor wie im Traum.
Hab noch gar nicht ganz gecheckt, dass wir wirklich zurück im Camp sind.
Aber da vorne stehen die beiden Jurten.
Und da ist die Feuerstelle.
Ich hab's geschafft!
Ich hab durchgehalten! Wir sind da!
Und Kiki trägt mir den Rucksack …
Es ist gut, dass sie nichts fragt.
Alexander hat mir beigebracht, wie schön es ist, auch mal nichts zu sagen.

„Ich hol dir was zu essen, du hast sicher Hunger", sagt sie schließlich,
als wir am Feuerplatz ankommen.

Ich nicke nur und lass mich auf den Boden
fallen.
Ringsum wird gearbeitet. Ein paar Leute
schaffen Holz herbei.
5 Einige schälen Kartoffeln,
andere holen Wasser.
Alexander liegt auf einer Matte.
Er wird von Max und Anneke versorgt.
Anneke ist gelernte Krankenschwester.
10 „Zwei Rippen sind gebrochen", stellt sie fest.
„Dass du damit noch so weit gehen konntest!"
Alexander sagt: „Ohne Christoph hätte ich das
nicht geschafft. Er hat alles geregelt!"
Und in diesem Moment kommt Kiki zurück!
15 Sie hat gehört, was Alexander gesagt hat.

Kiki reicht mir eine Scheibe Brot und eine
Wasserflasche.
Ich fühle mich verwöhnt,
wie im Dreisternerestaurant.
20 Noch letzte Woche hätte ich zu Hause so ein
Stück Brot wahrscheinlich weggeschmissen.
Weil es nicht mehr ganz frisch ist.
Heute schmeckt es köstlich wie ein Steak.

Auch Murat kommt herangeschlendert,
25 bleibt stehen und schaut zu uns rüber.

Kapitel 25

„Habt ihr euch angefreundet?", frage ich Kiki.
Sie zuckt die Schultern und sagt nur:
„Es gibt welche, die tragen 'ne Maske, und es
gibt welche, die haben's wirklich drauf."
5 Und dabei schaut sie mich an.

Zwei große Töpfe werden herbeigeschleppt
und über die Feuerstelle gehängt.
Max zündet das Feuer an.

Nach dem Essen, als wir noch am Feuer sitzen
10 und alles erzählt haben, sagt Kiki:
„Du musst doch völlig fertig sein.
Aber du wirkst voller Kraft."
Es klingt, als ob sie mich bewundert.
Und dann sagt sie: „Du leuchtest ja richtig!"

15 Woher das wohl kommt?, muss ich denken und
verkneife mir ein Grinsen.
Es wird der schönste Abend,
den ich je erlebt habe.
Nicht nur, weil ich mit Kiki Hand in Hand am
20 Feuer gesessen hab ...
Etwas ist mit mir geschehen.
Mein Leben ist nicht mehr so grau wie früher.
Zum ersten Mal bin ich mir sicher, dass es für
mich noch sehr viele gute Tage geben wird.

Spannende, schwierige und abenteuerliche
Tage. Und plötzlich hör ich im Kopf noch mal
Alexanders Worte:
„Wir müssen unangenehme Tage überstehen.
Aber wenn wir durchhalten, können wir alles
erreichen, was wir wollen."

Christophs Survival-Trip ist zu Ende. Aber wie
wird es mit Christoph und Kiki weitergehen? Hat
Kiki auch Erlebnisse zu erzählen? Wird Christoph
wirklich noch abenteuerliche Tage erleben? Schreibe
für die Geschichte ein 26. Kapitel.

• • • • •

Schreibe die Buchstaben der Namen CHRISTOPH,
KIKI und ALEXANDER untereinander und beginne
mit jedem Buchstaben einen Satz, der zu der Person
oder zu ihren Erlebnissen passt.

• • • • •

Löse das Rätsel auf Seite 100.

• • • • •

Lies im Anhang die Texte „Wie dieses Buch
entstanden ist" (Seite 104), „Survival – Überleben
in freier Natur" (Seite 108), „Wir sind ein Teil der
Erde" (Seite 110) und bearbeite die zugehörigen
Aufgaben.

Zum Weiterarbeiten

Kleines Rätsel zum Buch

1. Dieser Junge fühlt sich abgeschoben, ...
2. weil seine ...?... und ...
3. ihr neuer Freund ...?... ihre Ruhe haben wollen.
4. Die Prügelei mit diesem Mitschüler gehört zu dem Chaos-Tag vor der Tour.
5. So viele Jugendliche sind im Camp zusammen.
6. Der Fachausdruck für „Überleben" ist ...?... .
7. Dieses Gerät ist für die Orientierung in der Wildnis wichtig.
8. Dieses Tier greift Alexander und Christoph an.
9. Geschlafen wird in der ..?.. .
10. So heißt das Mädchen, das sich Kiki nennt.
11. So fühlt sich Christoph am Ende der Tour: stolz und ...?... .
12. Hier trifft Christoph nach der Tour Kiki wieder.

Kleines Rätsel zum Buch

```
 1. [ ][ ][ ][ ][S][ ][ ][ ]
          2. [ ][U][ ][ ][ ]
        3. [ ][ ][R][ ][ ]
          4. [ ][V][ ][ ]
 5. [ ][ ][ ][ ][I][ ]
        6. [ ][ ][V][ ][ ][ ]
    7. [ ][ ][ ][A][ ][ ]
          8. [ ][ ][L][ ][ ][ ][ ]
 9. [ ][ ][ ][ ][ ][ ][T][ ][ ][ ]
    10. [ ][ ][ ][ ][R][ ][ ]
  11. [ ][ ][ ][ ][ ][I][ ][ ]
       12. [ ][ ][ ][P][ ][ ]
```

Anhang

Wolfram und Philipp Eicke
Wie dieses Buch entstanden ist
Oder: Wie kommen Vater und Sohn dazu, gemeinsam ein Buch zu schreiben?

Auch wenn wir im Laufe der Jahre unsere Vater-Sohn-Kämpfe miteinander hatten, gab es immer etwas, das uns verband: die Liebe zur Natur. Lagerfeuer machen. Unterwegs sein. Als Philipp von einem Survival-Trip aus Schweden zurückkam und von seinen Erlebnissen erzählte, tauchte die Frage auf: Wäre das nicht ein Thema für ein Jugendbuch? Und sollten wir dieses Buch nicht gemeinsam schreiben?

Wir sammelten Gedanken und Ideen. Gemeinsam drauflosspinnen! Einfach so. Wir haben uns die Fotos von der Wanderung angeguckt, wir haben erzählt, gemeinsam am Strand gesessen, Gitarre gespielt und viel gelacht.

Dann wurde es Arbeit: Eine Handlung entwi-
5 ckeln. Charaktere erfinden. Welche Personen sollen vorkommen? Wie sollen die Hauptpersonen Christoph und Alexander sein? Wo soll die Geschichte spielen?

Vieles, was wir uns ausgedacht hatten, war
10 dann doch zu lang, zu umständlich. Konnte das nicht spannender werden? Mit Abenteuern, die wirklich etwas mit „Überleben" zu tun haben? Also: Textstellen streichen, Kapitel neu schreiben, Charaktere verändern. Aber auch diese
15 Arbeit hat uns Spaß gemacht.

Wir hoffen, dass ihr beim Lesen genauso viel Freude hattet, wie wir sie beim Schreiben empfunden haben.

Arbeitsanregung

– Schreibe einen Brief an die Autoren Wolfram und Philipp Eicke, in dem du ihnen mitteilst, wie dir das Buch gefallen hat. Begründe deine Meinung.

Schweden

Das Staatsgebiet Schwedens umfasst den östlichen Teil der skandinavischen Halbinsel und zahlreiche Inseln in der Ostsee. Die Hauptstadt des Landes ist Stockholm.
Schweden grenzt an das Kattegat, an die Staaten Norwegen und Finnland sowie an die Ostsee. Die längste Ausdehnung von Norden nach Süden beträgt 1.572 km, von Osten nach Westen 499 km. Während weite Teile des Landes flach bis hügelig sind, steigen entlang der norwegischen Grenze die Gebirgsmassive bis auf über 2.000 m Höhe an. Im nördlichen Teil des Landes (also dort, wo Christoph seine Survival-Tour erlebt) liegt das sogenannte Vorland, Schwedens ausgedehnteste Großlandschaft.
Das Klima in Schweden ist recht mild und durch reichlich Niederschlag gekennzeichnet. Wegen der geografischen Lage des Landes – zum Teil nördlich des Polarkreises – ist der Unterschied zwischen den langen Tagen im Sommer und der ausgedehnten Dunkelheit im Winter beträchtlich. In Nordschweden wird es während einiger Wochen im Sommer auch nachts nicht dunkel, während es im Winter lange Zeit nur wenige Stunden hell wird.

Schweden ist das europäische Land mit der größten Anzahl von Elchen. Sie stellen eine Gefahr im Straßenverkehr dar und richten auch großen Schaden in Waldpflanzungen an. Gelegentlich greifen Elche sogar Wanderer an.
Raubtiere wie Braunbären, Wölfe und Luchse vermehren sich in Schweden in den letzten Jahren dank strenger Umweltbestimmungen wieder. Die vielen Seen und langen Küsten bieten außerdem Lebensraum für verschiedenste Wassertiere: Süß- und Salzwasserfische gibt es reichlich, und auch Biber und Robben sind häufig anzutreffen.
Schweden hat etwa 9,11 Millionen Einwohner auf einer Gesamtfläche von 450.295 Quadratkilometern. Das sind im Durchschnitt 20 Einwohner pro Quadratkilometer. (Zum Vergleich: In der Bundesrepublik Deutschland leben durchschnittlich 230 Menschen pro Quadratkilometer.)

ARBEITSANREGUNGEN

- Schau im Atlas nach, wo Schweden liegt.
- Sammle weitere Informationen zu dem Land und erstelle ein Kurzreferat.

Survival – Überleben in freier Natur

Mit „Survival" bezeichnet man das Überleben in ungewohnten oder gefährlichen Lebenssituationen. Hierbei geht es vor allem um die Sicherung menschlicher Grundbedürfnisse wie Nahrung und Schutz vor Witterungseinflüssen.

Die Anfänge des „Survival" liegen in der Mitte des 19. Jahrhunderts: Fallensteller in Nordamerika lernten Überlebenstricks von den Indianern und wendeten sie an. Auch Polarforscher wie Roald Amundsen entwickelten Strategien zum Überleben in der Wildnis. Sie konnten wiederum auf das Wissen der Inuit zurückgreifen. Für Kriegs- und Krisenzeiten wurden ebenfalls Überlebenskonzepte für Soldaten und Zivilpersonen erstellt.

In Deutschland machte vor allem der Abenteurer Rüdiger Nehberg durch seine Expeditionen eine breite Öffentlichkeit mit dem Thema „Survival" vertraut (z. B. 1987: per Tretboot über den Atlantik). Nehberg gründete zudem die Menschenrechtsorganisation TARGET, wofür er den Ehrentitel „Sir Vival" erhielt. Auf seiner Homepage (www.ruediger-nehberg.de) schreibt er: *„Meine Homepage und die von*

TARGET sollen vor allem eines: den Lesern Hoffnung machen und zeigen, dass man seinem Leben unendlich mehr Spannung und höhere Erfüllung verleihen kann, dass niemand zu gering
5 *ist, etwas zu verändern, das ihn stört. Hauptsache, er hat eine Vision, eine starke Motivation und die richtige Strategie. Natürlich gehören dazu auch Risikobereitschaft, Ausdauer, gute Partner und ein gut gefütterter Schutzengel."*
10 Zulauf bekam die Survival-Bewegung in den 1980er-Jahren u. a. aufgrund der Atomkatastrophe von Tschernobyl. Auch Ereignisse wie der Tsunami im Jahr 2004 oder das Elbehochwasser machten bewusst, dass „Survival"
15 für viele Menschen durchaus zu einer aktuellen Herausforderung werden kann.

Arbeitsanregungen

– Erkläre anhand von Beispielen aus dem Text, was „Survival" bedeutet.
– Welchen Zusammenhang zwischen Nehbergs Abenteuerleben und seinem Einsatz für die Menschenrechte könnte es geben?
– Inwieweit trifft das, was Nehberg mit seiner Homepage zeigen will, auf Christoph zu?

Wir sind ein Teil der Erde
Rede des Indianerhäuptlings Seattle 1854

Wir sind ein Teil der Erde, und sie ist ein Teil von uns. Die duftenden Blumen sind unsere
5 Schwestern; das Reh, das Pferd, der große Kondor (= Geier) sind unsere Brüder. Die felsigen Bergrücken, die saftigen Wiesen, die Körperwärme der Ponys und der Mensch gehören alle zur selben Familie. Die Flüsse sind unsere Brü-
10 der; sie stillen unseren Durst.

In den Städten des weißen Mannes gibt es keinen Ort, der still genug ist, um das Entfalten der Blätter im Frühling oder das Schwirren von Insektenflügeln zu hören. Aber ich bin ein
15 roter Mann und verstehe das nicht. Ich ziehe den Wind vor, der über das Gesicht des Teiches hinwegfegt, und den Geruch des Windes selbst, wenn er von einem mittäglichen Regenschauer gereinigt worden ist.

ARBEITSANREGUNGEN

- Warum kann Christoph auf dem Trip wohl die Worte des Indianers gut nachempfinden?
- Kannst *du* dir vorstellen, einen „Survival-Trip" zu unternehmen? Begründe.

Aufgabenlösungen

S. 15: Der Junge: *Christoph* – Der Freund der Mutter: *Björn* – Das Mädchen, das den Jungen „leuchten" sieht: *Kiki* – Der Chef der Camp-Gruppe: *Max* – Die Freundin des Chefs: *Anneke*.
S. 23: Es sind nicht zwei, sondern drei Jurten zu sehen.
S. 65: Um Feuer zu machen, sammeln Christoph und Alexander *Feuerholz*, und zwar vertrocknete *Zweige* und dürres *Reisig*. Um die Feuerstelle herum liegen *Steine*. In der Mitte wird ein Stück *Zeitungspapier* mit dem *Feuerzeug* angezündet. Darüber legt man die *Reisigzweige*.
Zum Schlafen wird um einen *Baumstamm* eine *Schlinge* gelegt, daran ist das *Seil* für die *Hängematte*. Über der *Hängematte* wird ein zweites *Seil* gespannt. Daran wird ein *Netz* zum Schutz gegen die *Mücken* befestigt.
Um Trinkwasser zuzubereiten, wird Wasser aus dem See auf dem Feuer *gekocht*.
S. 101: 1. CHRISTOPH, 2. MUTTER, 3. BJÖRN, 4. KEVIN, 5. ZWANZIG, 6. SURVIVAL, 7. KOMPASS, 8. ELCHKUH, 9. HÄNGEMATTE, 10. KIMBERLY, 11. GLÜCKLICH, 12. CAMP

Textquellen

Seite 104: Wolfram und Philipp Eicke: Wie dieses Buch entstanden ist (Originalbeitrag).

Seite 106: Schweden (Originalbeitrag nach www.wikipedia.de).

Seite 108: Survival – Überleben in freier Natur (Originalbeitrag).

Seite 110: Wir sind ein Teil der Erde. Aus: Eli Gifford und R. Michael Cook (Hrsg.): Häuptling Seattles Rede. Wie kann man den Himmel verkaufen? Aus dem Englischen von Cordula Kolarik und Klaus Sticker. Göttingen: Lamuv Verlag GmbH 1996. S. 57–97. (Text gekürzt)

Bildquellen

Seite 104: Foto aus dem Privatbesitz von Wolfram und Philipp Eicke.